Guadeloupe

La Désirade

Marie-Galante

Kyenbé kyè !

GUADELOUPE
ouvre ses ailes froissées

© Éditions Orphie 2014

Ernest PÉPIN

Kyenbé kyè !

GUADELOUPE
ouvre ses ailes froissées

ORPHIE

I

Guadeloupe berce les fétiches de sa mer et regarde ses fantômes. Ils sont venus de loin et des grands fonds des eaux hurlent un message rouge afin que nul n'oublie. Ils ont pris corps sur cette terre nouvelle et leurs mains amarrées ont taillé l'étoile du tambour.

Et les voilà mêlés à la douleur cherchant dans leur peau noire la raison d'exister. Ils sont des hommes-coutelas, des hommes-cases, remuant terre et terre comme une litanie. Et dans leurs yeux explosent les buissons ardents de la rage. Leur dénuement est grand et grand est leur vouloir. Jour ouvert les appelle à durer sous le tranchant des fouets, à épouser l'arbre et les grands bois, à savourer la patience du four à charbon, à sonner un clairon d'îles neuves pour réveiller demain.

Ouvre ses ailes froissées

Guadeloupe les accueille d'un baptême de rivières. Ils savent qu'au-dessus veille un nid de volcan, une foi brûlante et que le vent retourne en dévirée de cyclones. Ils savent que les contes creusent des nuits de justice et que la justice est la mère des révoltes. Ils savent que les révoltes ne sont pas des aboiements de chiens.

Paroles d'homme vaut l'homme! Leur parole, bois fouillé, à pleine voile, dépouille la mer de ses malédictions. Guadeloupe rit. C'est ici qu'ils sont et c'est ici qu'ils seront. Hommes et femmes de bonne souche, semés là comme des graines de l'ailleurs. Leurs orteils dans la boue et leurs bras cherchant l'aisance des ailes et la folie des moulins. Et même si leur tête remue des paysages lointains et des visions de sorciers, ils marchent dans la survie étroite des jardins créoles.

Guadeloupe les regarde à hauteur de mornes enfouir un placenta sous les racines vivantes d'un songe d'habiter. Ils sont d'ici, de la bouture des cannes et des passions du rhum. Fils des plantations – ils disent « bitasyion » — aux talons fendillés comme les pierres souffrantes. Leur royaume est en eux car ils savent que les îles sont des pains de lave…

II

Guadeloupe travaille à porter son soleil. Elle rassemble les cases étroites, des boites à crabes où le jour lui-même a peur d'entrer. On les dit cases-nègres bien au loin de la maison du maître afin que la puanteur de l'âme ne remonte pas les mornes.

Lorsqu'on remue la pénombre, des mille-pattes s'éparpillent et les jours de pluie sont des jours de ravets. La vermine grouille au fond de soi, magma de sentiments obscurs que le maître conjure du haut de sa croix, au mitan de sa véranda, du haut de son cheval préféré.

C'est ainsi que naît ce langage des yeux, fer rouge, quand se croisent des regards fixes, effilés tels des coutelas. Duel sans protocole, paré de gravité à la mesure du contentieux qui silencieusement mûrit sous la sueur du visage. Deux solitudes s'affrontent et le plus seul des deux n'est pas celui qu'on croit.

Le moulin grince d'avoir à moudre ce temps de bagasse obscène. Les cannes défeuillées ressemblent à une armée passivement décimée. Seul le coutelas proteste d'une force contenue.

Nègre à sucre. Nègre à houe. Nègre! Le mot étend son ombre dans une mare opaque, une nuit bleue. Guadeloupe l'absorbe pour devenir pays. Nègre gros-sirop noir dans les veines de l'esclavage. Guadeloupe ne dit rien pour l'instant. Elle tâte le vent à la manière d'un fruit et le vent répond: plus tard, plus triste! Le soleil est lourd comme un tambour de deuil.

III

Guadeloupe se souvient des *amérindiens* et de leur front plat. Ils parlaient une langue de pluie douce et leurs pirogues cousaient les îles entre elles. Le temps leur offrait un rêve de manioc et la musique des calebasses. Ils gravaient sur les pierres des prières muettes sachant que la mort arriverait par poison de la mer.

De pauvres bougres des ports, des proscrits, vomis par d'étranges vaisseaux poussés par les vents cupides. Des hommes sans femmes, velus comme des animaux, aux yeux de pierre transparente, tombés d'un autre ciel comme les moustiques du malheur.

Ils furent tout étonnés de se découvrir *amérindiens, sauvages,* mais ils s'ouvrirent à la prophétie des perroquets. La roue du temps allait mourir frappée par le tonnerre de la poudre et le langage de la croix. Le monde allait finir comme un boucan à l'agonie.

Ils transmettraient le relais de l'eau salée aux tambours à venir avant de s'enterrer debout avec des couronnes de conques roses et des poteries imputrescibles. Depuis, les survivants portent des blessures à la place des yeux et leur cœur est une noix de silence.

IV

Les champs de cannes sont une pluie debout.
Les champs de cannes brûlent la nuit.
Les champs de cannes racontent leurs souffrances vertes.
Les champs de cannes aiguisent leurs fouets.
Les champs de cannes chantent des blues.
Les champs de cannes serrent les dents du moulin.
Les champs de cannes accouchent des femmes enceintes.
Les champs de cannes hèlent Guadeloupe.
Les champs de cannes coupent les jarrets du soleil.
Les champs de cannes saignent.
Les champs de cannes poussent des cris de jungle maudite.

Les champs de cannes étouffent les ancêtres.
Les champs de cannes haillonnent le désespoir.
Les champs de cannes ont le dos rouge.
Les champs de cannes enveniment la mémoire.
Les champs de cannes arment des tambours.
Les champs de cannes empoisonnent l'avenir.
Les champs de cannes parlent créole.
Les champs de cannes bénissent les volcans et haïssent la mer.
Les champs de cannes ont peur des chiens.
Les champs de cannes bourrent la pipe de l'exil.
Les chants de cannes sont plus précieux que les nègres.

V

Alors on dit nègre marron! Mal marqué! Celui qui tient raide la liberté dans ses mains noires. Celui qui court à pas de chien vers le tourment des grands bois. Celui qui en courant défriche l'espace. Celui qui veut conquérir l'étoile vive de son rêve. Celui qui plante un premier refus et la première igname libre.

Alors on dit nègre marron! Première lignée de la tribu retrouvée. Il a des yeux de nuit noire et un regard de citadelle. Sa force est de ne rien bâtir mais d'épouser la souplesse des feuilles.

Et s'il emmène les femmes c'est qu'il veut que ce pays soit un berceau sans maître. Il ne fuit pas. Il va devant! Toute roche lui est amie! Guerrier du profond, il explore sa survie. Et les chiens qui l'entourent ne savent pas que la mort est son drapeau. Il est déjà Guadeloupe à l'ombre des mamelles, dans la boue des grands fonds, sur la crête de son cri car il s'est fait terre et racine de l'immortelle.

Il berce une idée et songe à un royaume… Ils ne sont pas nombreux et le temps vaincra sans gagner.

Nègre marron, balata bel bois, chante le chant de la mémoire et nous gardons au fond de nous cette force d'antan et ce balan du silence couvé.

VI

L'Empoisonneuse a été brûlée ce matin. Même le cachot pleure. Le prêtre est venu et elle a refusé l'extrême-onction. Les flammes lui ont donné des ailes de sorcière. En la tuant, ils croient tuer la peur mais d'autres vont servir à manger, verser à boire, tenir leur vie de maître inquiet et mortel. Poison c'est miel!
Le bétail gonfle le ventre de la mort! Chuchotis du jardin secret. Racine de barbadine. Sortilège de bambou. Lait d'alamanda et toute sève insue aux lèvres de la mort.
Mère la mort!
L'enfant dort dans la mort. Il est sauvé. Il a suffit d'une épingle rouillée. L'épingle du désespoir! La mort est tendre comme la peau du tambour. Elle court dans les cuisines et dilue la haine dans un verre d'eau.

L'Empoisonneuse a été brûlée ce matin. Son bûcher craque comme les dents de la peur. Elle part sans repentir et sans aveu. Elle a fait son devoir et Guadeloupe se souviendra d'elle. On la dira Gertrude!
Mère la mort!
Elle retourne en Guinée ou peut-être au Congo. C'est selon le vouloir des ancêtres. Ce qu'elle laisse derrière elle c'est la graine d'un pays. Une île qui dit non au présent pour sauver l'avenir.
Mère la mort!
Elle n'a pas hurlé. Elle n'a pas imploré. La mort est une fumée. Elle n'a pas disparue. Cendre féconde, elle fertilise le temps. Le sexe d'une femme ne meurt jamais.
Mère la vie!
D'autres viendront enfanter d'autres peurs. Ils peuvent l'exorciser, la brûler, elle danse avec le feu. Guadeloupe dansera avec elle dans le feu du gwoka.

GUADELOUPE

VII

Il y a tous ceux qui durent et que nul dieu ne soigne. Ils déchirent leur corps avec les griffes du rhum. Ils tournent tous les jours la meule du soleil. Ils grappillent des étoiles dans le conte de la nuit et parfois ils dansent.

Ils dansent mais ce n'est pas danser. Ils dansent un continent perdu et tout qui leur reste est un jardin créole où ils plantent un de quoi tenir encore plus raide.

L'igname répond au message de la lune.

Le pois d'Angola donne goût à Noël.

Cochon c'est pour samedi si samedi veut bien.

Une chose qu'on appelle cresson est le manger des sources.

Un butin de cribiches brille au fond des nasses.

Ils sèment des mots de peur d'oublier. Boula, Moko-Zombi, Mokodji, herbe-Guinée, Soupe à Congo, Calalou, Moudongue…

Ils entrent dans la langue comme des griots et puis lancent un créole tout neuf à la soif du parler. Eux aussi, refusent de mourir même si leur dos est un miroir brisé. Ils sont collés au maître comme un lierre sur son mur.

Endurer c'est résister aux vagues des champs de cannes. Bois gaulettes c'est pour construire et même paille aussi. Construire c'est enjamber le temps et mettre demain au monde. Boite à crabes, roues à charrettes, chapeau de paille, balai de latanier, leurs mains ont des idées durables. Ils n'envient pas la splendeur des marrons. Ils les soutiennent par le simple fait d'endurer, de supporter l'habitation. Ils donnent du fil au temps puisque le temps c'est cerf-volant. Ils se baptisent et cachent leur nom sous les feuilles.

Ils font corps avec Guadeloupe, inventent des recettes, accommodent le malheur, mettent en face de la nuit l'éclat de leurs pensées. Ils polissent des proverbes car tout leur est bagage. Endurer c'est voyager dans la ruse.

La mer tout près de leurs lèvres poursuit la plainte des divinités. Ils lui tournent dos pour ne pas l'entendre. Pour eux la mer a disloqué le temps. Elle est un sanglot bleu et la marraine de l'oubli.

Endurer c'est se soumettre tout en vaillance et telle l'eau prendre la forme du coui sans se renier. Ainsi le crabe sauve son mordant.

VIII

L'enfant est né au pays. Ce pays là, en forme de papillon. Guadeloupe a recueilli son placenta et lui a donné un nom de saint. En secret on l'appelle Koné pour tromper la mort.

L'enfant est né au pays. Il se parfume d'odeurs de cannes, de tabac et d'indigo, étreint les branches des manguiers, pousse le cerceau du soleil.

L'Afrique est une gousse de lumière qui scintille avant de s'émietter.

Il accompagne la rivière comme une feuille flottante. Il pêche des écrevisses qu'il range dans un coui. Il accompagne son père au fond d'une habituée. Petite terre remuée pour soi-même où des malangas ouvrent leurs larges oreilles. Il accompagne la tristesse de sa mère. Il s'accompagne lui-même sur les traces du pays. Il dit les blancs et son œil roule une colère mêlée de peur.

Son poing durcit dans sa poche comme un sexe d'homme. Il a vu la misère dans l'œil d'un cyclone. Guadeloupe le réconforte. Même couchés les arbres repoussent pour gratter le ciel.

L'enfant est né au pays. Ce pays là, d'îles à tous maux. On le dit ti-moun, petit-monde, car tout homme est un monde plein de rêves jusqu'au grand rêve de la mort.

IX

La mer veut se racheter. Elle emmène Victor Hugues. Elle emmène le décret de l'abolition de l'esclavage. Elle emmène 1794.

La Convention a aboli l'esclavage. Guadeloupe ouvre ses ailes froissées. Il faut chasser les Anglais. Les noirs vont faire leur première guerre. Les planteurs n'aiment pas cette histoire là. Le mot « liberté » leur semble trop lourd pour les épaules des nègres. Ils n'aiment pas cette France là !

Leur sang coule sous la guillotine. Ils s'éparpillent dans les îles et jusqu'en Louisiane. Leur sang coule. Ils s'enterrent eux-mêmes dans la terre de l'esclavage.

Abolir c'est péché ! Qui va tenir la meute des nègres ? Qui va travailler ? Des nègres citoyens ! Les noirs font leur première guerre ! Guadeloupe vomit les Anglais et brandit son poing ! La mer s'est rachetée… Les esclaves sont libres ! Citoyen Sonson ! Citoyen Gros Orteils. Citoyenne Sans Dents. Citoyenne Trois Mamelles. La République est douce même si Victor Hugues bande les chaînes du jour.

Des petits jardins cherchent midi. De petits artisans s'établissent. Une petite vie passe dans le sang. Pas trop loin. Pas trop fort.

Demain peut arriver comme un tambour à deux bondas. Guadeloupe lève la tête et voit la Caraïbe ! C'est un sacré bracelet d'eau verte lui répond Haïti mais n'oublie pas que le temps peut trahir le temps…

X

Le siècle tourne la page. Haïti levé-debout hisse un soleil noir. Il se nomme Toussaint.

Haïti levé-debout colle les morceaux de l'île.

Haïti levé-debout étend son ombre noire.

Guadeloupe entend le pas de son cheval. Guadeloupe renvoie Lacrosse et prend les rênes. Napoléon Bonaparte bat le rappel des troupes.

La mer pond d'étranges œufs. Bateaux de guerre chargés de militaires. Général Leclerc, Général Richepanse, font route et ils ont mission. Depuis longtemps la mer a compris ! Le crime fait route. Le vent ne rit plus.

1802, Guadeloupe accueille Richepanse. Les soldats noirs, désarmés, retrouvent les cales

anciennes. Ca sent le négrier, la poudre et le rétablissement.
Guadeloupe comprend et se tourne vers Delgrès le mulâtre. Guadeloupe comprend et rameute ses fils. Ignace se lève et soulève la résistance. Guadeloupe comprend et décide de combattre. Elle ne fera pas la guérilla. Elle fera la guerre!
Le temps a trahi le temps. « Et toi, postérité, accorde une larme à nos malheurs ». Guadeloupe sème des barils de poudre et fait de son sang une explosion d'étoiles. Vivre libre ou mourir! Guadeloupe a perdu malgré son panache. Soldats déportés! Solitude pendue! Et jusque dans les ravines le sang bouillonne. Nègres traqués, torturés, enchaînés. Le temps a trahi le temps mais Haïti veille! Grenadiers à l'assaut! Première défaite de Napoléon! Guadeloupe voudrait se pendre au cou du soleil mais le soleil tourne son œil. Chien amarré c'est pour être lapidé! L'esclavage tombe à nouveau

sur la tête des nègres ! C'est pour 46 ans !
Oui maître ! Non maître ! Merci maître ! 46 ans de crime contre l'humanité. Une larme pour eux !

Le temps noueux
Manioc amer
Fers déterrés
Vents rageurs
Le sang s'égrène
Guadeloupe endure
Essuie la suie du soleil
Et soigne son étoile
Comme une amante sur le port
Il y a toujours une jarre pour les trésors
Les rêves nous l'enseignent
Il y a toujours un figuier maudit
Les pierres nous l'enseignent

1802 un étrange phare !
Coutelas des nuits !
Le siècle a jeté l'ancre dans une mer injuste !

GUADELOUPE

S'en souviennent les arbres des pendus, les cachots rouillés et le mémorial des habitations.
Mai 1802 !

XI

1810

Les Anglais sont revenus. Les îles sont leur promenade. Guadeloupe fait le dos rond. Quelle différence? Raides dans leurs uniformes, ils maintiennent l'esclavage. Les planteurs ouvrent leurs vérandas. C'est une affaire de sucre et de bateau. Les îles sont leurs jouets. L'Europe partage, dépèce, occupe au gré de ses batailles. C'est une affaire de sucre et de bateau.

Les îles clignent des yeux complices. Jour viendra! Jour viendra! Dominique, Guadeloupe, Martinique, Sainte-Lucie, échangent des signaux d'îles. Le créole les amarre qu'ils pétrissent comme la mer. Par jour de beau temps, les îles se saluent avec leurs mains de

Ouvre ses ailes froissées

sel. Jour viendra! Jour viendra! Et les vagues répètent! Jour viendra! L'oiseau d'une île à l'autre multiplie ses ailes. La vie dort dans l'œuf. Nous, là… Nous, là…

Guadeloupe couve l'espérance et redevient française en 1814. L'esclave s'en fout! Le temps est au chasseur de bois. Le temps aboie dans la gueule des molosses. Le rhum guérit les plaies. Le soleil est une plaie. Il ne marronne jamais. Mulâtre non plus!

XII

Tout s'emmêle dans les couis et dans les cœurs. On dira créole l'emmêlement. Soleil devient chabine. Gombo lâche son huile. Patate douce, pois-canne, corrossol. Guadeloupe se fait une âme de pays. Elle illumine les tombes et parle à l'oreille de ses morts. Met des poules noires aux quatre chemins. Appelle les Esprits et regarde s'envoler des soukougnans sans peau. Tout ça c'est salaison sous le fouet des saisons. Des hameaux nomment l'espace. Une connaissance nous donne les rimed razié. Guadeloupe accouche d'elle-même et la mer est son nid. Le maître dit: manières de nègres ou mœurs de négresses! Il ne voit pas qu'il prend aussi le goût du piment rouge et celui des femmes noires.

GUADELOUPE

Soleil devient mulâtre et parfois nègre rouge. La mer est une négresse que la nuit fait pleurer. Elle déverse sur la plage des souvenirs anciens comme un fétiche vaincu ou un masque Sénoufo.

Les ancêtres se sont retirés sur la pointe des pieds. Ils ont laissé des empreintes, des cadences et cette foi dans la vie que le rire voltige.

Le créole baille la voix!

XIII

1848

Un autre vent. Abolition de l'esclavage. Guadeloupe se souvient des luttes, des révoltes, des marronnages. Là-bas aussi des hommes ont protesté, milité. Le nègre revêt sa peau d'homme et de citoyen. Amarres rompues. L'ombre brille d'un rire neuf. Certains chantent : « Grace à Victor Schoelcher ! »
Le temps a fait le temps et le cocon du sang a tourné papillon. La nuit a viré de bord comme un voilier ailé. Les corps indéchiffrés moulent la lumière d'un nom.
Guadeloupe est en liesse, saoulé de gratitude. Soleil en roue libre !
Il y a cet enfant qu'on nomme Liberté et cet autre qu'on prénomme

Victor. Des noms que l'on transforme pour qu'ils sonnent moins nègres. N'Délé (Délé), N'Zala (Anzala) et d'autres irréductibles qui préservent une histoire (Massembo, Coumba, Tchenkela).

Et des fumées d'oiseaux supportent le poids du ciel. Et la femme au galop chevauche la rivière. Et les mangroves sautent de joie sur leurs pattes d'oiseaux. Et les tambours volent de mornes en mornes. Et sur le sable noir le mot liberté imprima son talon. La liberté ne s'apporte pas, murmura en sourdine un volcan mal éteint.

XIV

1848

Guadeloupe voit débarquer 5000 Congolais. Ils parlent *wani wana*. Ils ont le torse nu et la peau intacte. Ils disent « boula » au maître des tambours. Frappe! Boula! Guadeloupe prend la frappe en détournant les yeux. Ils sont trop noirs et ils ne sont pas créoles.

Congo, nègre Congo, petite braise d'Afrique! Un fleuve coule dans leurs veines. Ils se sentent à l'étroit dans cette *chiquetaille* de terre. Ils réveillent des divinités qui boivent le sang du coq. Ils dansent la traversée d'une manière *biguidi*! Guadeloupe retrousse ses lèvres. Ils sont trop noirs et leurs lèvres trop épaisses. Blancs et mulâtres se partagent la beauté. Va croire ça!

Le nègre est un vonvon noir que le diable a chié! Complot de nègres, complots de chiens! Nègre a de mauvaises manières. Ingrat comme un nègre dont on a retiré les chiques. Gueule de nègre! Vieux nègre! Nègre bois! Nègre soubarou! Kongo! Bois brûlé! Va croire ça!

La langue du maître a déteint. Kongo fait ses affaires. Il pense au fond de lui: caca de blanc! Un village est en lui comme un nid d'abeilles. Il avait une mère plus belle que toutes ces femmes-madras. Tchisseka était son nom et l'huile de sa peau noire allumait les nuits d'amour. Il avait un père aux bras puissants. Un père qu'il trouvait beau comme un chef de village. Pardonnez-leur! Ils ne savent pas qui ils sont. Ce n'est pas tout de se dire libéré! C'est être libre qui est tout! Kongo! Oh! Kongo!

J'appelle les Massembo!

J'appelle les Tchenkela!

Ce sont de grands arbres à souvenirs.

XV

Guadeloupe se regarde. Ses muscles sont engourdis. Elle a les yeux chassieux à force d'avoir vu. A force d'avoir pris les chemins chiens. A force d'avoir mangé la fumée des usines.

Des matins de verdure ont fêté son soleil et des broussailles amères lui servent de sourcils. Tout un magma de plantes scelle le cri des mornes.

La mer est tout partout comme une fiancée bleue. Comme qui dirait une magie liquide. Un boucan d'écumes où le temps se dissout. Elle joue avec les îles qui sont des souris rêveuses.

La mer est tout partout comme une veillée sonore. Comme qui dirait les courants de l'exil. Et dans le creux des vagues elle pond des langues créoles.

La mer est tout partout comme une vieille sorcière. Comme qui dirait

Ouvre ses ailes froissées

une chaîne de paroles où se blesse l'histoire. Aux pieds des falaises, elle brise le cou des songes.

La mer est tout partout comme un tambour solaire. Comme qui dirait une bague au doigt, une noce perdue dans un château de sable. Une nostalgie nous vient à l'arrivée des voiles. L'ailleurs nous habite et brûle nos entrailles.

Guadeloupe se regarde de ce regard-soleil où flambe un carnaval. Ses masques taillés dans le sel des nausées.

Elle voit des chutes d'eau aux yeux clairs, des mariages de lianes, des plantes médicinales pour soigner la déveine, des régimes de bananes lestés sur les épaules, des marchandes aux rires d'amazone, la vie soldée à l'ombre des cases et cet enfant qui va vêtu d'un sac en jute.

Guadeloupe se regarde avec des yeux brouillons. Les cannes sont toujours là à épier les coutelas. Des charrettes plus lentes que le pas du bonheur et un chapeau de paille tressé par la misère.

Des bourgs ont pris naissance et même une ville. Ce sont troupeaux d'églises blanches où les blancs ont leurs places réservées à leur nom. A l'arrière, les nègres se consument de piété. Bon Dieu est bon le dimanche seulement. Et les saints nous regardent mâcher nos prières… Amen!

Guadeloupe se regarde. Tous ces nègres aux pieds nus! Ces sous marqués au burin de la sueur. Ces métis qu'on dirait fils de l'arc-en-ciel. Ces artisans aux doigts précis de bijoutier. Ces cochers obséquieux. Ces cordonniers. Ces forgerons. Ces femmes aux mille vies, aux mille foulards, aux mille reins et qui balancent la vie à chaque pas. Tout ce peuple débrouillard est une parole brouillée que Guadeloupe démêle sans le dire.

XVI

1854

Coolie! Malaba! Ils sont venus de l'Inde en traversée sordide. Les yeux rougis par la mer. Les muscles fondus par la faim. Parqués à ciel ouvert, ils attendent…

Ils sont venus de l'Inde. Coiffés de leurs turbans, drapés dans leur dhoti, ils sont un autre monde. Guadeloupe n'a jamais vu, jamais connu, de pareils engagés. On les livre par « lots » comme des paquets de crabes ou comme des ballots.

Guadeloupe s'écrie : Coolie! Malaba! Sa voix mousse un dédain, pousse un mépris. Ils ne sont pas français et leur langue roule les « r » comme des morceaux d'orage.

Dravidiens pensifs, ils ne savent pas encore que Guadeloupe est une nasse.

Pour l'heure, la darse sent le moisi, les viscères explosés. L'eau noire retient son souffle devant leurs cheveux lisses et leurs gestes fragiles.

Des femmes parmi eux, flambées dans leur sari, ont des bijoux qui ressemblent à des toiles d'araignées. Divinités aux narines percées, filles de Pondichéry.

Corps souples et plats, le vent frémit dans leur toile parfumée d'encens et de tempête. Leurs yeux lointains tanguent d'angoisse. Les hommes seront trop nombreux pour leurs épaules et pour leurs reins.

L'habitation les enveloppe et c'est misère. Les nègres crachent en les voyant.

Zindiens! Ils sont venus ouvrir Guadeloupe. Guadeloupe dit « pongal » jugeant païennes leurs danses et jugeant maigre leur matalon. Et sous leur toit de paille, des dieux millénaires revoient le jour. Ils vont se plaindre au Seigneur mais le Planteur n'est pas Seigneur. Affaire d'Indiens ou de nègres! Affaires de récoltes et de vaches. Affaires de Calcutta et de Pondichéry. Même justice sans mât ni temple! Même injustice! Guadeloupe referme la nasse, apprend des mots tamoules, goûte une cuisine au colombo.

Zindien grappille dans le pays ce qui ressemble à son pays, avale la langue créole et s'applique à bien garder les bœufs. Une méfiance noircit ses yeux. Une patience aussi! Un jour s'oubliant malgré tant de mépris, il dit: nous nègres!

Un mât flotte dans l'air pour ne pas oublier

Pondichéry s'écaille au fil des ans
Guadeloupe entre dans son sang
Le cabri a mis bas
La cérémonie sera belle comme l'offrande

Zindien a invité les nègres inquiets de voir ces dieux dont les bras tournent comme des moulins
Choses sacrées et pures
Bien au-delà du tranchant des coutelas
Les sacrifices éclaboussent l'herbe
Et répondent les dieux d'une voix de tambour
La force de l'homme est de croire en sa terre
La force de l'homme est de croire à sa terre

XVII

1883

Lycée de Pointe-à-Pitre. Terre des gens sans terre ! Une nouvelle manière de s'évader. La liberté passe sur les ailes des livres. Monnaie d'espérance et qui chante demain.
Acquérir
Conquérir
Apprendre
Le chemin raide du savoir pour célébrer la France. Il flottait une odeur de Seine et de sapin. Une odeur de Gaulois et de Versailles. Une odeur de République sans nègres.
Nous étions les enfants des ténèbres en marche vers la lumière. La terre promise des échappés…
Acquérir
Conquérir

Vaincre des siècles d'ignorance et pourtant nous avions beaucoup appris des champs de cannes et de la misère.
De toutes nos forces, nous avons fait briller les étoiles des autres !
Lycée Carnot ! Les mangues ont un goût de fierté. Le français coule dans les livres mais parler bel français ne veut pas dire savant.

XVIII

1885

Première candidature d'un noir aux élections législatives! Nous sommes sur la scène! Guadeloupe dit son mot et pousse son soleil et le temps tourne comme une roue neuve. On dirait un baptême, une criée des cannes amères. Quelque chose prend forme... Un visage d'argile noire s'en vient telle une force éblouie.
Il s'appelait David Davis. C'était un ébéniste.

XIX

1898

Legitimus entre au Conseil Général Guadeloupe dit « nègres en avant » ! Sa voix est moulée dans la sueur des coupeurs de cannes et son épaule bouscule les nuages.
C'est un temps de « fraîcheur » violente et de passion. C'est un temps d'usinier tout puissant et de pétition.
C'est un temps vertical.
Capital contre travail
Travail contre capital
C'est un temps de lutteurs et de combat de coqs. Le peuple taille les éperons du sorcier. Les montagnes font des paris clandestins.
Legitimus a chaussé des coulées de lave, ajusté sa parole de nuit, caché sa tempête dans une jarre d'eau.

Chat noir, oiseau, tigre, il fixe les forces de l'ordre avec les éperons de ses yeux. Il abandonne sa peau au jeu des métamorphoses. Guadeloupe dit : c'est justice qui passe !
Capital contre travail
Travail contre capital
Et puis un jour Entente Capital Travail !
La raideur a faibli comme une pluie lasse de marcher…
A sa mort, le peuple pleure le « Jaurès noir ». Il dit que c'était un défenseur, un crabe à gros mordant, un hougan, un maître-à-manioc.
D'autres viendront !

XX

1910

Première grande grève en Guadeloupe.
Les travailleurs se sont levés
Ils ont roulé leur colère dans la ville
Ils ont brûlé leur colère dans les usines
Ils ont dit non
Ils ont appelé les tambours
Ils ont appelé les conques
Ils ont lancé des pierres
Ils ont dit non
Guadeloupe chante la grève et dépaille le jour
L'air et l'eau
La nuit bourdonne à l'oreille de la mer et l'abeille demande le prix de son miel.
1926! Port-Louis!

XXI

1914-1918

Ceux qui sont revenus ont tenu le froid dans leurs mains. Leurs yeux se sont gelés au fond des tranchées. Ils ont l'honneur d'avoir donné leur sang à la boue.
Les monuments aux morts dispersent des noms comme des grains semés sur la terre de France.
Un vieil uniforme refuse d'oublier. Un vieux corps gazé… Un vieux corps amputé… Il arrive que soleil joue la sonnerie aux morts.
Tant d'hommes ont fixé à jamais cette violence qu'elle revient la nuit allumer des cauchemars. Il n'y avait pas de rhum à boire. L'odeur tenace des entrailles monte des charniers et corrompt le brouillard. La vie est un suicide! Peut-être qu'un conte

tient la nuit debout. Guadeloupe est
si loin que la mort n'a plus de sens.
C'est tuer qu'il faut tuer!
Pour la France!

Ouvre ses ailes froissées

XXII

1928

Le cyclone monstrueusement déchire Guadeloupe. La ville décolle en nuée de tôles. Les arbres s'envolent. Je vous parlerai d'une folie d'eau et de tout ce qui se couche à l'étable des vents.
Je vous parlerai du ciel où dégringole un rire de haine. Je dis bien de haine sur les cases au galop.
Je vous parlerai d'une ville rasée, bombardée, d'un temps d'apocalypse et de cavales violentes. Tourbillon sonore et peut-être de vengeance...
Je vous parlerai d'une misère broyée et d'arbres cisaillés. Je vous parlerai de la meute de la mort, des aboiements sauvages,

des barrissements féroces, des piétinements sans pitié.

Je vous parlerai de vents dégoupillés, de villes agenouillées. Décombres des foudres obscènes! Tout est retourné poussière!

Les villes éviscérées vomissent leurs boyaux et la pluie impitoyable cogne à coups de hache.

Je vous parlerai de ce cyclone là comme d'une protestation contre le remords des villes et la vie qui s'effeuille se tasse sous le déluge pour mieux renaître après en un cri plus vert.

XXIII

1929

Création de l'Institut Nègre à Paris! Le nègre existe comme une douleur! Il a pris tous les fers du monde et le soleil sur sa tête sonne comme un gros tambour. On peut le dire sorcier, maître des pluies et des carrefours. Son corps fascine ou dérange l'Europe des colonies. On peut le dire lumière noire ou fils de la malédiction. Il tire le monde comme un mulet fou. Il a tout vu dans les yeux des vainqueurs y compris la renaissance. A la fin du mot nègre le monde sera le monde!

Haïlé Sélassié monte sur le trône d'Ethiopie. Sa fine barbe encerclera les îles. Son royaume enjambe les mers et soulève la mémoire des îles. Ras Tafari, Lion de Judas, l'honneur

est sauf dans ses yeux d'icône. Ras Tafari et de la houle s'élève un chorale d'îles nostalgiques et les cheveux s'allongent comme des crinières de pur-sang et l'Afrique est une mère qui cherche ses enfants multicolores dans les décombres des vagues et la foudre du soleil !
Le sang coule à l'usine Bonne-Mère ! La colère tient la main de la grève. An nou alé ! An nou alé ! Le Nègre aux mille couleurs dit « non » à l'usine et l'usine répond « non ». Combat mêlé ! Après la sueur, le sang ! Guadeloupe sait que la malédiction ce n'est pas la couleur. La malédiction c'est la canne !

XXIV

1930 (Exposition coloniale)

L'empire sort son miroir d'empire. L'empire frappe sa poitrine comme un mâle gorille entouré de femelles. L'empire est le père des tribus d'outre-mer. L'empire s'enivre de sa gloire d'empire.
On va les montrer! On va les exposer! Et les passants viendront voir!
Ils n'entendront pas Langston Hughes (Not without laughter). Ils n'entendront pas Nicolas Guillen (Motivos del son). Ce sont voix trop lointaines à l'envers de leurs songes. Le monde se fissure et laisse suinter des voix. Des voix sans concessions,

dures comme des boulets. Des voix de poètes pour les voix des sans voix. Des voix-colères qui râpent l'injustice.
On les montre dans le zoo humain! Venez-voir! Venez-voir! L'empire a de grands yeux voraces d'exotisme. L'empire n'a rien à faire des larmes, ni de la honte d'être exposé là. L'empire n'a pas de remords. L'empire est un empire qui étale les sauvages comme des butins de guerre.

XXV

1932

Légitime Défense! Les nègres ont dit: Légitime Défense! La donne a changé. Les mots s'insurgent, quittent l'enclos de l'Empire, vont au-delà des singeries. Petits brûlots qui incendient la nuit (racisme et nazisme!). Et toute une floraison se lève et secoue sa rosée. Et viennent à la rescousse des noms d'écrivains, des chaltounés qui tremblent d'éclairer le désastre.
Légitime défense!
Et puis, au bout du petit matin...
Au bout du petit matin, le regard renversé d'une nuit qui accuse en brandissant des cadavres sous-marins et des civilisations moribondes, étranglées assassinées!

Au bout du petit matin, un volcan dénoue sa cravate et se met à jouer du jazz comme un halluciné.
Légitime Défense!
Les mots au galop, couleur de bave noire, soliloquent, hurlent en solitude. On dirait des sauterelles qu'éparpille une mémoire inconsolable d'avoir été cambriolée.
Négritude est en marche. Guadeloupe ne s'étonne pas. Légitimus était une négritude.

XXVI

1933

Léo Frobénius: Histoire de la civilisation africaine.
Jacques Stephen Alexis: Le Nègre masqué.
Duraciné Vaval: Histoire de la littérature haïtienne ou l'Ame noire.
Claude Mac Kay: Banana Bottom.
Nicolas Guillen: West Indies Ltd.
Alejo Carpentier: Ecué-yamba-ô!
Les mots sont des drapeaux. Les mots sont des peaux de tambour. Les mots soulèvent leurs vagues au front des séismes. Les mots dévalent les flancs de L'Empire. Les mots ne s'arrêteront plus.
La Caraïbe parle et déparle.

XXVII

1934

Les jeunes fondent, à Paris, l'Etudiant Noir. Ce n'est pas une revue, c'est un procès.
Jacques Roumain crée le Parti Communiste Haïtien. Ce n'est pas un parti. C'est un déchoukaj.
André Aliker est assassiné!
Les mots font peur!
Les mots sont des pavés que l'on jette au front des puissances.
Les mots brandissent des squelettes, des cordes de pendus, des seaux de goudron, des plumes de poule, des têtes de zombis, des fesses de femme hottentote!
Guadeloupe regarde-venir. Elle sait que le temps fait le temps tous les jours.

XXVIII

1935

En Martinique des nègres défilent à Fort-de-France. Grande grève. Des nègres pieds nus. Des nègres aux talons fendillés. Des nègres en colère. Des nègres misérables aux vêtements déchirés. Des nègres déformés par la misère. Des nègres gros-sirop. Des nègres sans peur, sans reproche… On dit nègres mais ils endossent toutes les couleurs du monde.
Fédération Martiniquaise du PCF!

XXIX

1938

Monsieur Hitler aboie. Monsieur Hitler gronde. Monsieur Hitler coupe et hache. Monsieur Hitler …
Ici en Guadeloupe, nous accompagnons le gouverneur Félix Eboué au port. Ici en Guadeloupe nous savons reconnaître l'humanité de Félix Eboué. Triomphalement nous l'emmenons. C'est une part de nous qui s'en va. Un écho. Triomphalement, nous l'escortons. Marée humaine, nous le portons. Au bout de nos bras, de nos cris, de nos pleurs, une idée du monde s'en va.
Il faut jouer le jeu de l'Homme! Monsieur Hitler aura le temps de voir les tirailleurs sénégalais. Et même si

Ouvre ses ailes froissées

GUADELOUPE

on chante qu'ils étaient noirs comme du cirage, ils ont sauvé la France. La France ne les a jamais sauvés.

XXX

1939-1945

Nous disons « temps-Sorin ». Un temps à goût de fouet où les maires sont nommés. Monsieur Hitler parle de suprématie des blancs (aryen). Nous revenons au troc des jours maigres. Coco pour savon! La France s'écroule comme un mouton égorgé. Nous sommes tous seuls. Il faut éteindre les lumières.

La France capitule. Candace et Satineau se rallient au gouvernement de Vichy. L'honneur viendra des entrailles du peuple. Il dit « dissidence » et s'en va, par le canal de la Dominique, rejoindre les Forces Françaises Libres.

Nous vomissons Monsieur Hitler. Nous allons rentrer blo-blo-blo, dans son cul de nazi. Nous mourrons à

Dardanelles. Nous mourrons tout-partout. Nous sommes debout pour mourir. La liberté est un rêve nu.

Les nègres n'entreront pas devant dans Paris libéré! Il ne faut pas qu'on les voie! On habille la victoire en blanc!

Fondation de la section guadeloupéenne du PCF en 1944.

1945, la guerre est finie. Les monuments aux morts nous attendent. Nous attendons un autre temps.

XXXI

1946

19mars 1946: loi de départementalisation.

Nouveau départ. Nouvelle donne. Nouveau contrat. Nous-citoyens (bleu-blanc-rouge). Les étoiles ont bougé pour accueillir un vieux rêve. Nous-égalité. Nouvelle sauce!
Une fenêtre ouverte sur l'Assimilation malgré la grève générale dans la production sucrière. Nos démons ne veulent pas dormir. La décolonisation marche à pas d'araignée (Indépendance des Philippines, Conférence de Saint-Thomas, Soulèvement de Hô Chi Minh, Fondation du Rassemblement Démocratique Africain). Guadeloupe sous les feuilles attend.

GUADELOUPE

Elle n'est qu'une misère que la mer secoue. Un tout petit volcan qui ronge ses freins. France lui donne la main et elle donne la main à France. Entre même dans l'hexagone à deux pieds. Pourquoi ? Pourquoi ? Pour une affaire d'égalité ! Une affaire de pareilleté ! Une affaire de sécurité. Maintenant, elle habite la loi républicaine et s'endort dans son rêve. Plus tard, plus triste lui disent les îles aux alentours !

XXXII

1952 (Moule)

Le temps obscur des morts pèse sur le Moule. Les fusils ont tiré. Les nuages ont pleuré et la mer se souvient encore. La colère a brûlé le chant. Ils ont tiré. Les travailleurs remettent leur peau d'hommes en colère. Leurs mains n'ont pas peur de briser l'injustice. Guadeloupe pétrit son cri. Le monde n'est pas beau. Liberté, Egalité, Fraternité! Ils ont enlevé l'écorce des mots... Les mots saignent et les hommes saignent aussi. Les urnes saignent... Les survivants épellent la lumière... Illusion rouge... Rosan Girard... Le Préfet, sous ses épaulettes, dans son uniforme couleur de lys, allume un sourire colonial... Département? Qui a dit Département?

XXXIII

1956

L'année gronde comme un chien en laisse. En Hongrie les chars prennent d'assaut le sang des rues. Les rues meurent aux pieds d'un grand rêve. L'ours à grands coups de pattes écrase le chant des rues. La liberté ne passera pas ! Certains se bouchent les yeux. Certains ouvrent leurs paupières. La poésie démissionne. Aimé Césaire démissionne.
Black Label pour les chiens qui se taisent.
Black Label pour le 1er Congrès des Ecrivains et Artistes Noirs. Black Label !
La parole prend feu dans le monde et le monde n'est qu'une fumée noire de colère.

Haïti renverse le Président Magloire. Voici le temps des épaulettes. Les marrons se taisent ou plutôt leurs mots brûlent le soleil de la conscience.

1957-1964

Un pays, le Maroc, prend son indépendance comme on ramasse une fleur. En Algérie le rêve bouge. M. De Gaulle vient en visite privée aux Antilles.

Guadeloupe, en-bas feuilles, agite des drapeaux d'écoliers.

Et tant de choses s'en viennent. Le monde devient plus monde malgré le songe noir de François Duvalier.

Le monde devient plus monde.

Guadeloupe fonde le PCG.

Martinique fonde le PPM.

1ère Conférence des peuples africains.

Guyane fonde l'Union du Peuple Guyanais.

2ème Congrès des Ecrivains et Artistes Noirs

Les hommes de la Sierra chassent Batista.
Madagascar retrouve sa souveraineté.
La Jamaïque devient indépendante
Trinidad et Tobago deviennent indépendantes.
Vent levé! Vent levé! Le monde devient plus monde.
Mais Guadeloupe traîne des pieds malgré le vent du monde. L'ordonnance du 15 octobre 1960 bâillonne les étoiles. Le BUMIDOM charroie et charroie encore les malheureux. Ils feront de bonnes filles de salle, de braves facteurs, de bons ouvriers d'usines, de bonnes putains à Barbès et de bons souteneurs aussi… Ils répandront le créole à Paris et dans les banlieues. Ils fonderont la deuxième et la troisième génération.
Guadeloupe se débat sous le poing des cyclones. Le vent s'est levé tout-partout Tout-partout, le vent s'est levé! Les répondeurs répondent.

Peut-être pas assez fort! Peut-être pas assez fort pour que le vent entende!

Ouvre ses ailes froissées

XXXIV

(1967)

Guadeloupe crie: Tonnerre du sort! L'affaire Srinski à Basse-Terre. Le chien de l'antan est revenu! Le molosse est revenu! La colère est revenue! Colère clouée sur les semelles des rues. Colère pour de bon! Nègre n'est pas chien! Nègre n'est pas chien!
Pointe-à-Pitre secoue sa révolte. Pour deux sous on tue! Les képis rouges tuent! Les ouvriers du bâtiment en grève dépaillent le toit du ciel. A coups de conques de lambi! A coups de roches! A coups de mains vides et de colère sans nom.
Les képis rouges tuent!
La darse plisse un front inquiet!

La Place de la victoire lape une flaque de sang!
Pointe-à-Pitre chavire des voitures, brûle des magasins, fait la chasse aux profiteurs! On lui coupe les jambes! L'hôpital est rouge de sang! Pour deux sous!
Pas même un lamento!
Pas même une veillée!
Les morts marchent en cachette et la jeunesse pleure de rage. C'est le monde tel qu'il est! C'est Guadeloupe telle qu'elle est! Un chant se souvient de Matouba. Guadeloupe se souvient!
La France dit: Procès! Procès du GONG! Et l'on voit défiler Jean-Paul Sartre, Paul Valentino, Aimé Césaire, Rosan Girard: Soleil de la Conscience!
Malemort!
Mère-la-mort!
Combien de morts? Combien de morts pour deux sous? Guadeloupe rentre sous l'écale du silence. Il faudra longtemps pour ouvrir la

mémoire. Il est des blessures aux lèvres de palourdes.

XXXV

(1976)

La Soufrière d'un seul coup lève sa colère.
Elle a des mains de cendres chaudes.
Elle en a trop vu.
Et voilà qu'elle fait de laides manières.
Elle montre ses dents et ses griffes comme un ours en colère.
Elle n'a plus de patience pour accepter les injustices. Elle en a marre !
Elle démarre son foulard et elle pousse un cri de chaudière folle.
Trop d'usines ont fermé.
Trop de jeunes s'en sont allés.
Trop de pays sont nés.
Trop de poètes ont assourdi le ciel.
Trop de révoltes, de grèves, d'émeutes sont restées sans suite.
Trop !

Alors, elle secoue sa crinière.
Alors, elle soulève sa jupe.
Alors elle sème la panique.
Black Label!
Black Panther!
Elle menace d'en finir!
Et des communes fuient, se réfugient dans la peur.
Et puis, elle a pitié!
Pitié de ce peuple dont les pas trébuchent dans les quatre chemins.
Pitié de ce peuple qui invente sa route avec les yeux bandés
Pitié de toute cette déroute.
Pitié de tout ce sang colonial.
Pitié de tout ce magma qui bout sans bouillir.
Pitié de toute cette histoire sans pitié.
Pitié!
Elle rentre ses griffes. Elle rentre son cri et ronronne doucement par-dessus le pays.

XXXVI

Et depuis, nous voilà remuant des mers vides.
Le béton a damé nos cœurs et nos campagnes.
Le désastre a pris forme dans les yeux des jeunes.
Et depuis, nos plages ont retiré leurs pieds.
Les touristes sont venus au pays des chimères
Même les hôtels sont tristes.
Nous nous sommes déportés dans un ailleurs sans lieu
Télévisions d'Europe
Météo d'Europe
Voitures d'Europe
Manger d'Europe
Nous appelons cela la modernité
Le développement
Le progrès
L'avancée
Supermarchés d'Europe

GUADELOUPE

Nous ne savons plus où nous vivons
Nous habitons un porte-containers
Et de temps en temps
Chloredécone
Chômage
Braquage
Grèves
Il y a quelque chose de déréglé dans le royaume de Dieu
Il y a comme une odeur de pourriture
Il y a comme une odeur de film porno
Il y a comme une odeur de jeunes qu'on assassine
Les Quatre-quatre vont et viennent
Les vêtements griffés
La mondialisation à crédit
Le monde qui s'en fout
Et nous qui dégrainons
Alors, je crie force
Force pour les tambours du samedi
Force pour les lewoz
Force pour la résistance
Force pour le créole
Force pour Guadeloupe
Force pour les enfants de la Guadeloupe

XXXVII

(2009)

Alors, ils sont venus. Ils sont venus en masse. Ils sont venus sans crier gare. Ils sont venus contre la profitation. Ils sont venus sous le soleil. Ils sont venus…
Guadeloupe a ouvert ses bras.
Je ne sais pas ce qu'ils disent. Je ne sais pas ce qu'ils veulent mais ce ne sont pas des chiens qui marchent.
Ils ont marché. Ils ont refait la route de l'histoire. Ils ont marché quarante-quatre jours. Ils ont demandé justice et respect. Respect et Justice !
Et depuis un lot de temps, ils marchent. Ils ont marché enchaînés. Ils ont marché sur tous les ports des Amériques. Ils ont marché dans les champs de cannes et les usines. Un

paquet de temps! Ils ont marché en dissidence. Ils ont marché sur la neige de la guerre mondiale. Ils ont marché pour les autres. Pour Bordeaux, Nantes, Brest, Ajaccio. Ils ont marché en 1802. Ils ont marché en 1848. Ils ont marché dans les cyclones et les tremblements de terre. Ils marchent depuis longtemps. Aujourd'hui, ils marchent pour eux. Pour eux seuls parce qu'ils savent qu'ils sont tout seuls. Sans maman, Sans papa! Sans rien qui s'appelle un amour!
Ils marchent!
Quelque chose marche à leurs côtés.
Quelqu'un marche à leurs côtés.
Une Justice!
Un Respect!
Guadeloupe sait qu'ils ont raison. Ils sont Guadeloupe. Depuis le temps du temps.
Depuis nanni-nannan.
Depuis Christophe Colomb!

Ils sont venus des bateaux négriers, de l'Aurélie et de la montagne de nos rêves.
Ils sont venus de Toussaint Louverture, de Fidel Castro, de Martin Luther King, de Nelson Mandela, de tous ceux là qu'on tue pour le pétrole et les diamants, le bois précieux et le luxe des nations.
Ils sont venus de Bob Marley, d'Aimé Césaire, de Sonny Rupaire, et de ceux là qui endurent sans parler.
Les voilà!
Ils viennent de très loin!
Ils marchent depuis longtemps!
Et c'est Guadeloupe! Guadeloupe en nous!
Guadeloupe terre houée de tant d'histoire
Venue des évents de la mer
Le temps charrie les étincelles d'un peuple en éveil
Sur la crête des traversées
Un chemin nous guide
Le chemin de nous-mêmes
Où nous allons pas à pas

GUADELOUPE

Qu'il nous élève à hauteur du jour
A hauteur de notre foi
Nous avons traversé les routes dissidentes
Et nous avons sculpté le soleil humain
Qu'il soit notre boussole

Faugas
Lamentin
Octobre 2014

BIBLIOGRAPHIE

Romans :
- *L'Homme au Bâton*. Paris : Gallimard, 1992 ; Gallimard (folio), 1997.
- *Tambour-Babel*. Paris : Gallimard, 1996.
- *Le Tango de la haine*. Paris : Gallimard, 1999.
- *Cantique des tourterelles*. Paris : Écriture, 2004.
- *L'Envers du décor*. Paris : Du Rocher / Le Serpent à Plumes, 2006.
- *Toxic Island*. Fort-de-France : Desnel, 2010.
- *Le Soleil pleurait*. La Roque d'Anthéron : Vents d'Ailleurs, 2011.

Poésie :
- *Au verso du silence*. (préface de René Depestre) Paris : L'Harmattan, 1984.
- *Salve et Salive*. (éd. bilingue). La Habana : Casa de las Américas, 1991.
- *Boucan de Mots Libres / Remolino de palabras libres* (éd. bilingue). La Habana : Casa de las Américas, 1991.
- *Babil du songer*. Kourou : Ibis Rouge, 1997.
- *Africa-Solo*. Ivry-sur-Seine : Éditions A3, 2001.
- *Dit de la roche gravée*. Montréal : Mémoire d'encrier, 2008.
- *Le bel incendie*. Paris : Bruno Doucey, 2012.

GUADELOUPE

- *Marie-Galante* (Credo à contre-mer) : éditions Jasor 2013
- *J'ai fait vœu d'un pays* : Biennale Internationale des Poètes en Val-de-Marne : 2014

Ecriture pour la jeunesse :
- *Coulée d'or.* Paris : Gallimard (jeunesse), 1995.
- *L'écran rouge.* Paris : Gallimard (jeunesse), 1998.
- *La soufrière.* (illustré par Claire Mobio) Paris : Agence de la francophonie (CEDA) / Montréal : Hurtubise, 2001.
- *Lettre ouverte à la jeunesse.* Pointe-à-Pitre : Éditions Jasor, 2001.

Nouvelles :

« La revanche d'Octavie ». *Écrire la « parole de nuit » ; la nouvelle littéraire antillaise.* Paris : Gallimard (folio, essais), 1994 : 67-78.

« La Bourrique du Diable ». *Noir des Îles* (collectif). Paris : Gallimard, 1995 : 127-58.

« L'envers du décor ». *Paradis Brisé, nouvelles des Caraïbes.* Collection Étonnants Voyageurs. Paris : Hoëbeke, 2004 : 171-197.

« Le 14 juillet d'Isidore ». *Dernières nouvelles du colonialisme* (collectif). La Roque d'Anthéron : Vents d'ailleurs, 2006 : 165-180.

« La femme-fleuve ». *Nouvelles de Guadeloupe.* Paris : Magellan & Cie / Fort-de-France : Desnel, 2009 : 83-97.

Articles sélectionnés :

« La femme antillaise et son corps ». *Présence Africaine* 141 (1987) : 181-193.

« Le jeu répétitif dans *Pluie et vent sur Télumée Miracle* ». *Textes, Etudes et Documents* 2 (1979).

« Itinéraire d'un écrivain guadeloupéen ». *Penser la créolité* (sous la direction de Madeleine Cottenet-Hage et Maryse Condé). Paris : Karthala, 1995 : 205-210.

« L'école, lieu de transmission de la culture traditionnelle ou agent de modernisation ? » *La Revue des Échanges* 14.1 (1997).

« The Stakes of Créolité » (avec Raphaël Confiant). *Caribbean Creolization : Reflections on the Cultural Dynamics of Language, Literature, and Identity* (Kathleen M. Balutansky and Marie-Agnès Sourieau, eds.). Gainesville : U. Press of Florida, 1998.

« Les langues régionales nourrissent l'imaginaire. Laissez passer le créole ! » *Libération* (2 juillet 1999).

Enregistrements sonores :

- *Doucine*. Sur une musique originale de Gilles Floro. Disque CD-audio. Liso Music Production (LM 6247-2). 2000.
- *UltraMarine / UltraMarina ; cinco poetas de Francia*. Livre-CD, édition bilingue (français/espagnol). Traductions et musique : Pablo Urquiza. Paris : Abra Pampa, 2008.

GUADELOUPE

Distinctions Littéraires :
- 1991 Prix Casa de las Américas, pour *Boucan de Mots Libres*.
- 1993 Prix littéraire des Caraïbes de l'ADELF, pour *L'Homme au Bâton*.
- 1996 Prix RFO du Livre, pour *Tambour-Babel*.
- 2000 Prix Arc-en-Ciel de Radio Media Tropical (Paris) pour *Le Tango de la haine*.
- 2000 Prix Casa de las Américas, pour *L'écran rouge*.
- 2011 Prix Robert Delavignette, de l'Académie des Sciences d'Outre-Mer, pour *Le Soleil pleurait*.
- Chevalier de l'Ordre National Mérite.
- Officier de l'Ordre des Arts et des Lettres.

© Éditions Orphie
ISBN : 978-2-87763-948-4
Achevé d'imprimer en C.E.E. : 4ᵉ trimestre 2014
Dépôt légal : 4ᵉ trimestre 2014
www.editions-orphie.com

ORPHIE

Grande
Terre
Pointe-à-

*Basse-
Terre*

○ *Basse-Terre*

Les Saintes